中学生
铁路安全知识

《中学生铁路安全知识》编委会／编著

中国铁道出版社有限公司
CHINA RAILWAY PUBLISHING HOUSE CO., LTD.

绿色印刷　保护环境　爱护健康

亲爱的读者朋友：

本书采用绿色印刷标准印制，在封底印有“绿色印刷产品”标志。

本书选用环保型纸张、油墨等原辅材料，生产过程注重节能减排，印刷产品符合人体健康要求。

选择绿色印刷图书，共同关爱环境，一起健康成长！

图书在版编目（CIP）数据

中学生铁路安全知识 /《中学生铁路安全知识》编委会编著 . — 北京：中国铁道出版社有限公司，2024.5

ISBN 978-7-113-31208-4

Ⅰ. ①中…　Ⅱ. ①中…　Ⅲ. ①铁路运输 - 交通运输安全 - 青少年读物　Ⅳ. ① U298-49

中国国家版本馆 CIP 数据核字 (2024) 第 088222 号

书　　名：中学生铁路安全知识
作　　者：《中学生铁路安全知识》编委会

策划编辑：赵　静　曾亚非　　　**电话：**（010）51873698
责任编辑：曾亚非
封面设计：宿　萌
版式设计：闰江文化
责任校对：安海燕
责任印制：赵星辰

出版发行：中国铁道出版社有限公司（100054，北京市西城区右安门西街 8 号）
网　　址：http://www.tdpress.com
印　　制：北京盛通印刷股份有限公司
版　　次：2024 年 5 月第 1 版　2024 年 5 月第 1 次印刷
开　　本：787 mm×1092 mm　1/16　印张：6.5　字数：85 千
书　　号：ISBN 978-7-113-31208-4
定　　价：35.00 元

编委会

主　　编：王　晗

副 主 编：王　凡　卢大玮　张　邹

参编人员：王志军　王胜永　支　祥　刘佩佩
李长春　宋启宇　张庭顺　陈朝阳
周　亮　姜　利　郭　枫　唐卫国
唐海明　曹晓东　董立新　谢海龙

（以姓氏笔画为序）

致同学们的一封信

亲爱的同学们：

大家好！

铁路作为国家战略性、先导性、关键性重大基础设施，也许常常出现在你的视线中，也许早已融入了你的生活。条条铁路线交织成网，构成咱们国民经济的大动脉。铁路线上的每一个站点都成功促成了以点带线、以线带面的大格局。截至 2023 年底，我国铁路营业里程达到 15.9 万公里，其中高铁 4.5 万公里，“八纵八横”高铁网正加密成型。

动与静是生命的基调。火车的发展也在这动静之间飞速地前行。快、稳、好的复兴号动车组以时速 350 公里的强者姿态呼啸而至。有人说，高铁是中国速度，慢火车是中国温度。中国铁路怀揣着一颗“人民铁路为人民”的初心，一路风雨兼程。

然而，我们在享受铁路带来的便利时，一定要了解铁路安全知识。铁路建设者努力打造最美铁路线，铁

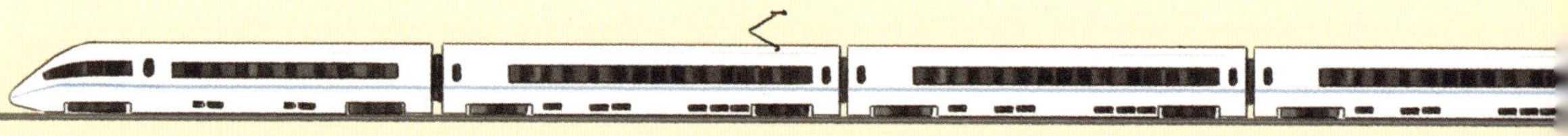

路运营者用真情为你送温馨。但总有些人，由于铁路安全意识淡薄导致意外事故发生，危及人民群众生命财产安全，给自己和他人带来伤害。国务院颁布、2014 年 1 月 1 日起施行的《铁路安全管理条例》，对铁路线路安全、营运安全、公众义务等都作出了明确规定。掌握必备的铁路安全知识，遵守《铁路安全管理条例》，是我们每一位公民的责任和义务。

中国特色社会主义进入新时代、开启新征程。习近平总书记曾指出:“我们要坚持以人民安全为宗旨、以政治安全为根本、以经济安全为基础、以军事科技文化社会安全为保障、以促进国际安全为依托，统筹外部安全和内部安全、国土安全和国民安全、传统安全和非传统安全、自身安全和共同安全，统筹维护和塑造国家安全，夯实国家安全和社会稳定基层基础，完善参与全球安全治理机制，建设更高水平的平安中国，以新安全格局保障新发展格局。”只有牢牢坚守安全红线，扎实推进安全生产工作，才能使人民获得感、幸福感、安全感更加充实、更有保障、更可持续，才能实现中华民族伟大复兴的中国梦。习近平总书记曾强调：“树立安全发展理念，弘扬生命至上、安全第一的思想，健全公共安全体系，完善安全生产责任制，坚决遏制重特大安全事故，提升防灾减灾救灾能力。”这是一切安全工作的出发点和落脚点。

中国铁路携手民生，以铿锵有力的步伐向着未来前行。维护铁路安全靠我们每一位爱路、护路的好公民！让我们“小手拉大手”，与家人和朋友分享铁路安全知识，争当铁路安全的宣传员！

本书编委会

2024 年 4 月

CONTENTS

目 录

1

2

3

045 案例警示教育

禁止放易燃物

禁止横穿铁道

禁止翻越

无人看守铁路道口

有人看守铁路道口

京张高铁过雄关　罗春晓 / 摄

1 铁路安全知识

RAILWAY EQUIPMENT GUARANTEES SAFETY

铁路设备保安全

电气化铁路

电气化铁路，是指配套建设有变电所、接触网等电气化设备，能够为电力机车或者电力动车组提供牵引动力的铁路。也就是说，机车本身没有原动力，无法运行，它是依靠外部供电系统供应电力，并通过机车上的牵引电动机驱动列车前进。

电气化铁路具有运输能力大、行驶速度快、消耗能源少、运营成本低、工作条件好等优点。对运量大的干线铁路和具有陡坡、长大隧道的山区干线铁路实现电气化，在技术上、经济上均有明显的优越性。

电气化铁路采用 110000 伏（或 220000 伏）输电至铁路变电所，通过变电所降压到 27500 伏后输送到铁路供电接触网，通过电力机车、电力动车组的受电弓为列车提供动力。

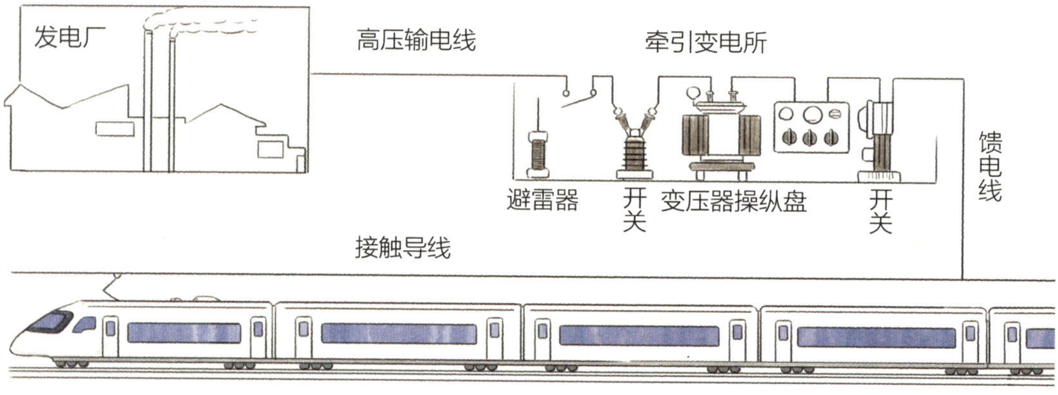

▲ 牵引供电系统示意图

▲ 铁路供电接触网

—小知识—

铁路供电接触网：电气化铁路牵引供电系统中的主要供电设备，它沿铁路线上空架设，是向走行的电力机车不间断供电的输电线路。

牵引供电系统：将电能从电力系统传送到电力机车的全部电力设备的总称。

因电力能源具有清洁、高效、便于传输等优点，我国建设了大量电气化铁路。自 1975 年 7 月 1 日中国第一条电气化铁路——宝成铁路建成通车，至 2021 年底，全国电气化铁路里程突破 11.0 万公里，电气化率大幅提升。目前我国建设的高速铁路全部是电气化铁路。

▲ 高压输电线

铁路安全知识 **考考你**

A

你知道给动车组送电的铁路接触网上电压是多少伏吗?

铁路安全知识答案

A 国家电网高压电输送至铁路变电所，降压到 27500 伏后输送到铁路供电接触网为列车提供动力。

不遵守安全规定容易触电造成人身伤害。

▲高压电在空气中放电形成电弧

▼铁路变电所

▼铁路危险地带

安全小提示

有些家用电器会有漏电现象，人不小心触电时会全身发麻。但是如果你触碰甚至只是接近接触网设备带电部分，那就不只是全身发麻了，而是有生命危险！

电气化铁路牵引供电电压 27500 伏，是日常家用电压 220 伏的 125 倍，为防止电弧触电伤害，任何人员所携带的物件与接触网设备的带电部分必须保持 2 米以上的距离。

线路防护设施

为了防止闲杂人员或大型牲畜进入铁路线路，干扰铁路运输秩序，甚至与列车相撞造成安全事故，《铁路安全管理条例》规定，设计开行时速120公里以上列车的铁路应当实行全封闭管理。因此，铁路企业在铁路沿线铁路用地范围内建设了防护栅栏或者围墙，对作业人员专用通道、旅客通道也设置了大门或者派人看守。

目前，铁路运输企业已全面推进运行时速120公里及以上列车的线路全封闭和道口平改立，对难以实施封闭与平改立的工程采取限速运行等安全保护措施。

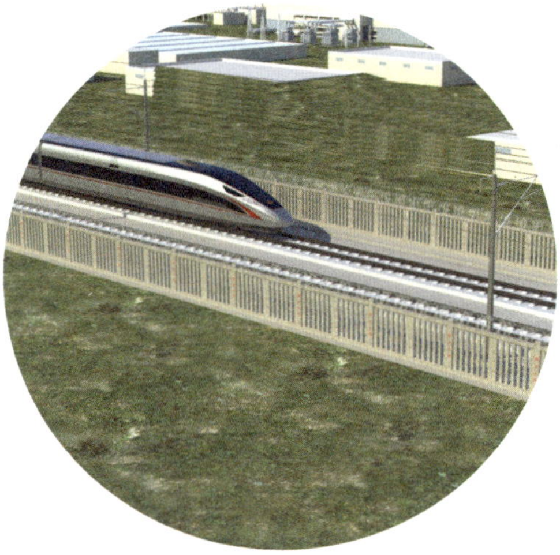

▲ 水泥防护栏

《铁路安全管理条例》还规定，新建、改建设计开行时速120公里以上列车的铁路，需要与道路交叉的，应当设置立体交叉设施。为了防止上跨铁路桥上物体坠落，条例还规定，跨越铁路线路的道路桥梁，应当按照国家有关规定设置防止车辆以及其他物体进入、坠入铁路线路的安全防护设施和警示标志。

封闭设施主要有防护栅栏、围墙、通道门、防抛网等。

◄ 防抛网
► 铁路声屏障
▼ 铁路金属防护栅栏

同学们过马路时都知道“红灯停、绿灯行，见了黄灯等一等”。可是在铁路线上奔驰的列车靠什么指挥呢?

细心的同学可能已经发现了，铁路行车信号也是用红、黄、绿三色灯光的，不过它的用法是否也一样呢?嗯，可以说色灯的基本含义差不多，不过除了红灯停车、绿灯通行、黄灯慢行之外，还有绿黄灯、双黄灯、双黄闪等许多更为复杂的信号显示，它们的含义过于专业，这里就不一一介绍了。

如下图为高柱信号机和矮柱信号机显示黄灯，表示前方有两个闭塞分区空闲，准许列车按规定速度运行，但要注意准备减速。

— 小知识 —

闭塞分区

为保证列车安全和铁路线路必要的通过能力，把铁路线路分成若干个长度不等的段落，每一段线路叫作一个闭塞分区。

所谓闭塞，就是保证闭塞分区在同一时间内只能运行一列火车。闭塞是铁路上防止列车对撞或追撞（追尾）的方式，是铁路上保障安全的一个较主要的方法。

高柱信号机

矮柱信号机

铁路调车信号机

铁路安全知识 考考你

B 你能列举高速铁路进行全封闭管理的两个原因吗?

为了增强列车运行的安全，铁路企业还为列车设计安装了无线列车调度电话，用于调度员、驾驶员、列车员等与列车运行有关的人员联系工作。

◀ 动车组司机工作中
◀ 动车组司机实操培训
◀ 车载自动化控制设备

列车运行控制系统

列车运行控制系统，是对列车运行间隔和运行速度进行自动控制，提高其运输效率，保证行车安全的自动化控制系统。列车运行控制系统由车载部分和地面部分组成。顾名思义，车载部分就是安装在机车或动车上进行自动化控制的设备及其无线连接设备；而地面部分则是系统的主要构成部分，包括了无线通信网络设备、轨道电路与信号设备、调度指挥自动化设备、向车载设备传递信息的应答器设备等。它们的主要作用是保证铁路行车与调车安全和提高铁路的通过能力。

高速铁路列车运行是按照地面信号机显示的信号运行吗？

这时，驾驶员凭车载信号可以安全行车。因为速度太快，驾驶员需要在4000米之外就确认地面信号，这个距离太长了，肉眼是不可能完成这个任务的。为此，我们国家研制开发了CTCS-3系统——高铁信号控制系统。通过无线信息传输，驾驶员坐在驾驶室内就可以知道前方铁路线上有几公里的空闲区间。如车载信号显示绿5，说明前方有8000米以上的区间是空闲的。

▲显示绿5信号的车载显示装置

• 铁路安全知识答案 •

B 高速铁路全封闭的原因：

动车组高速运行时产生的气流可能将附近人员卷入车底，危及生命安全。

动车组高速运行时制动距离很长，发现行人立即采取停车措施很难防止相撞。

知识链接

ZHISHI LIANJIE

按铁路与道路的平面交叉分为三种类型：道口、人行过道、平过道。下面着重介绍最常见的两种。

①道口，是指铁路线路上铺面宽度在2.5米以上，直接与道路贯通的平面交叉，按看守形式分为有人看守道口和无人看守道口。

②人行过道，是指在铁路线路上铺面宽度不足2.5米与道路贯通的平面交叉。其中城市一般为0.75~1.5米，乡村一般为0.4~1.2米。人行过道只准行人和自行车通过，禁止畜力车、机动车通过。铁路道口应设置警示标志、护桩、人行过道路障，电气化铁路道口还应设置不得超过4.5米的限高架。

铁路道口

无人看守铁路道口

有人看守铁路道口

《铁路安全管理条例》规定，列车运行时速 120 公里以下的线路，可以设置铁路道口、人行过道，但必须与铁路运输企业协商并征得同意。

铁路道口应设置警示标志，铁路道口路段标线、护桩、人行过道应设置路障。

在电气化铁路上，铁路道口通向道路的两面还应设置限高架，通过高度不得超过 4.5 米。

通过道口标志可以区分为有人看守道口或者无人看守道口。

安全小提示

铁路道口信号：

两个红灯交替闪烁或红灯稳定亮时，车辆、行人禁止通过；

白灯亮时，准许车辆、行人通过。

▼ 人行过道

铁路道口通行规定

一是机动车时速不准超过20公里，小型拖拉机不准超过 10 公里，并不得在道口内停留。

二是通过有人看守的铁路道口时，遇有栏木放下、音响器发出报警或道口看守人员示意火车即将通过时，车辆、行人必须依次停在停止线以外。没有停止线的，要停在最外股钢轨外侧 5 米以外。

三是通过无人看守的铁路道口时，车辆、行人必须停止或止步瞭望，确认安全后，方准通过。

▲ 有人看守道口

凡违反铁路道口通行规定，扰乱铁路道口交通秩序，危害运行安全，不听劝阻的，由公安机关依照治安处罚法规和交通法规处理。《铁路道口管理暂行规定》第十六条：机动车通过铁路道口最高时速不准超过 20 公里，大、中型拖拉机不准超过 15 公里，小型拖拉机不准超过 10 公里，并不得在道口内超车或停留。由此发生事故造成人身伤亡或使公私财物遭受严重损失的，依法追究其经济、刑事责任。

杭黄铁路汤青山隧道　梁力 / 摄

铁路桥梁、隧道

铁路桥梁

作用是跨越江、河、湖、海、沟壑等障碍物，或者实现铁路线路与其他道路立体交叉。

桥上只预留了铁路检修必需的简易通道和避让列车设施，严禁社会人员、车辆利用铁路桥梁通行。

铁路隧道

作用是穿越山体，缩短铁路线路距离。隧道工程设施建设时只为铁路检修人员预留了检查通道和其避让列车的设施，不能保障社会人员、车辆的通行安全，因此禁止社会人员、车辆利用铁路桥梁、隧道通行。

铁路安全知识 考考你

C 铁路道口分哪三种？通过道口时需注意些什么？

记住：非铁路检修人员禁止穿行隧道和铁路桥，以免造成不必要的人身伤害！

▶ 铁路桥梁禁止通行标
▼ 铁路隧道出口

高速运行的列车不仅速度快，而且运行环境复杂，暴风雨雪、阴晴昼夜是家常便饭，同时运营线路遇水架桥、遇山开隧，在这样的情况之下，靠驾驶员的眼睛观察能确保安全吗？

同学们都有过从明亮的空间突然走进黑暗房间的体验吧？是的，你会感到眼前一黑，经过一段时间后眼睛才能完全适应黑暗的环境。反之，从黑暗房间走进明亮的空间，你会感到眼前一亮，经过几秒钟到几分钟的时间眼睛才能适应。因此，驾驶员通过肉眼观察铁道前方情况，会因为天气条件的不同、隧道或者露天等环境的不同，出现反应时间或长或短的变化。在列车每秒钟运行33米、55米，甚至83米的情况下，可以说是瞬息万变，等到确认前方异物或人员后再采取紧急停车措施，几乎无法避免撞击。因此，铁路运输企业对运行列车时速120公里及以上的铁路线路实行了全封闭管理。而且动车组高速运行时产生的气流也可能将附近人员卷入车底，危及生命安全，线路的全封闭管理也是对车体外行人的人身保护。

铁路安全知识答案

C

铁路道口分为：有人看守道口、无人看守道口、人行过道。

通过有人看守的铁路道口时，遇有栏木放下、音响器发出报警或道口看守人员示意火车即将通过时，车辆、行人必须依次停在停止线以外；没有停止线的，停在最外股钢轨外侧5米以外。

通过无人看守的铁路道口时，车辆、行人必须停止或止步瞭望，确认安全后，方准通过。

铁路站场

铁路车站，也称火车站，是铁路部门办理客、货运业务运输的基地。在车站，除办理旅客和货物运输的各项作业外，还办理和列车运行有关的各项作业。

可按旅客和货主办理业务的性质将铁路车站分类为客运站、货运站、客货运站。

从铁路运输组织的角度，可按作业性质将铁路车站分为中间站、区段站、编组站。

铁路车站尤其是编组站内各种高电压的供电设备、调车设备众多，铁轨走向复杂，难以分辨车辆运行的股道和方向，在编组站内溜放的车辆几乎是悄无声息地运行，同时，停放的车辆还遮挡视线。因此，**在铁路站场内逗留、玩耍、穿越股道、攀爬车辆、攀爬接触网杆，甚至钻爬车底，都是严重危及生命安全的行为。**

▲ 铁路设备众多

▲ 道岔复杂

▼ 编组站

RAILWAY DANGER ZONE

铁路危险区域

—安全小知识—

弯道： 铁路弯道处因线路弯曲，易被线路两侧山丘、建筑物、树木等遮挡视线，行人难以发现火车的到来，火车司机也难以发现钢轨上的行人，发现时制动已来不及，极易发生人员伤亡事故。

未封闭线路： 目前，铁路运营时速达120公里的线路均实现了全封闭，但仍存在运营时速低于120公里的线路未封闭，当线路两侧有遮挡视线物体或行人抢越线路时，极易发生人员伤亡事故。所以，铁路两侧居民为抄近道而横穿铁路线的现象要杜绝。

铁路段管线： 段管线是指铁路机务、车辆、工务、电务、供电等单位专用并由其管理的线路，因其铁轨走向复杂、往来车辆频繁、线路停放车辆多遮挡视线，在铁路段管线内逗留、玩耍、穿越股道，都极易危及人身安全。

在铁路线路上逗留玩耍存在被通过列车撞击的危险

虽然铁路线路上有时没有列车行驶，但是远处开来的列车行驶速度非常快，普速列车时速一般在160公里以下，高速列车最高运营时速已超过400公里，眼睛能看到列车时，即表示列车已在眼前。目前百米跑的世界纪录是牙买加著名短跑健将博尔特创造的9.58秒，而普速列车一般百米用时才3秒多，这说明人与车距离百米时根本没有充足的时间迅速转移至安全地带避车。再加之，人在线路上逗留，只能观察到一个方向，如果列车从另一方向开来，行驶速度快、声音小，可能还没有反应过来，悲剧已经发生了。

攀爬机车车辆和电力杆塔存在触电或者高处坠落等危险

禁止登上机车车辆顶部瞭望或翻越车顶通过线路。铁路线路上方有牵引供电设备——接触网，接触网各导线及其相连接的部件，在其2米范围内具有强大的电磁场。在你还未真正接触到电线时，人身伤害就已经发生了，轻则被高压电击伤，造成全身大面积烧伤；重则直接危及生命。攀爬电力杆塔也是同样的道理。

同时，在攀爬过程中容易发生手脚不灵、脚踩空、手未抓牢的情况，一旦从高处坠落，后果不堪设想。

— 小知识 —

高压电隔空放电伤人的原理

当人体或手持物品或脚踏物品侵入高压电线的安全距离后，就在高压电线与大地之间形成了电压差很大的两个电极，两者之间的空气迅速被高压电击穿发生电离，同时空气被加热，温度急剧上升产生电弧，巨大的电流瞬间流过人体，产生高温电弧烧伤人体。

钻车底存在被车辆碾轧的危险

严禁进入铁路作业场所，更不能钻越列车。站台附近可能会有列车解体溜放运行；而有列车行进的线路上，即便列车停止，钻车底也是非常危险的，因为紧挨着的线路有可能出现行驶中的机车或列车。

— 小知识 —

电能是一次能源吗？

一次能源，是指自然界中以原有形式存在的、未经加工转换的能量资源，又称天然能源，包括化石燃料、生物质能、水能、风能、太阳能等。电能主要来自其他形式能量的转换，包括水能、热能、风能等，所以电能是二次能源。

在电气化铁路附近的水域钓鱼，存在钓竿、渔线搭接或接近高压电设备而发生电击的危险

在电气化铁路附近的水域钓鱼非常危险。甩竿的时候一不留神就可能接触到高压电设备，特别是竿上还有水，自然而然就将电传递到人体，造成触电。

通过电气化铁路道口或线路时，持长杆或机动车车斗上的人员、物件侵入接触网带电区域，存在发生触电或者隔空放电的危险

通过道口车辆限界及货物装载高度（从地面算起）不得超过 4.5 米，超过时，应绕行立交道口或进行货物倒装。通过道口车辆上部或其货物装载高度（从地面算起）超过 2 米通过平交道口时，车辆上部及装载货物上严禁坐人。行人持有长大、飘动等物件通过道口时，不得高举挥动，应与牵引供电设备带电部分保持 2 米以上的距离。

抢越道口存在被通过列车撞击的危险

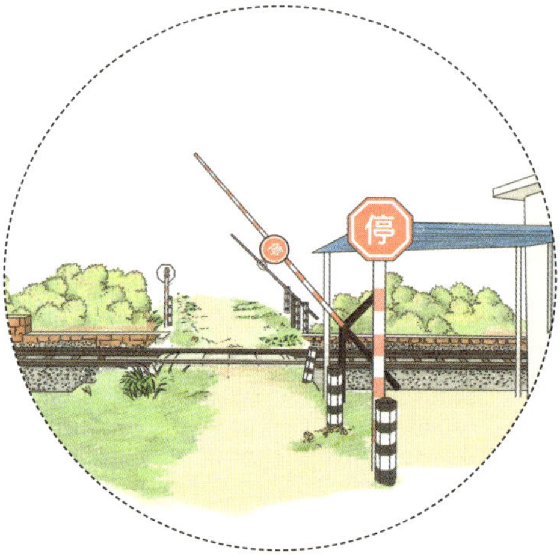

经过铁路道口时，听从道口人员疏导，切勿贸然通过。通过无人看守道口时，切记“一停、二看、三通过”，在确认无列车开来的情况下，方可通过道口。一旦发生事故不仅危及自己的生命，同时还给铁路交通带来影响，造成极大的经济损失。

发现铁路供电线路断线，不得进入断线处所 10 米半径的区域内，防止产生跨步电压，造成触电

受到跨步电压作用时，人体虽然没有直接与带电导体接触，但电流从一只脚经胯部到另一只脚，与大地形成通路。当触到较高的跨步电压时，双脚会抽筋而倒在地上，这样有可能使电流经过人体的路径改变为经过人体的重要器官，如从头到脚或从头到手。人体倒地后，电流持续 2 秒钟，就会有致命危险。

— 小知识 —

跨步电压：电气设备发生接地故障时，接地电流向大地流散，入地点周围电位分布区行走的人，其两脚之间的电压，即为跨步电压。

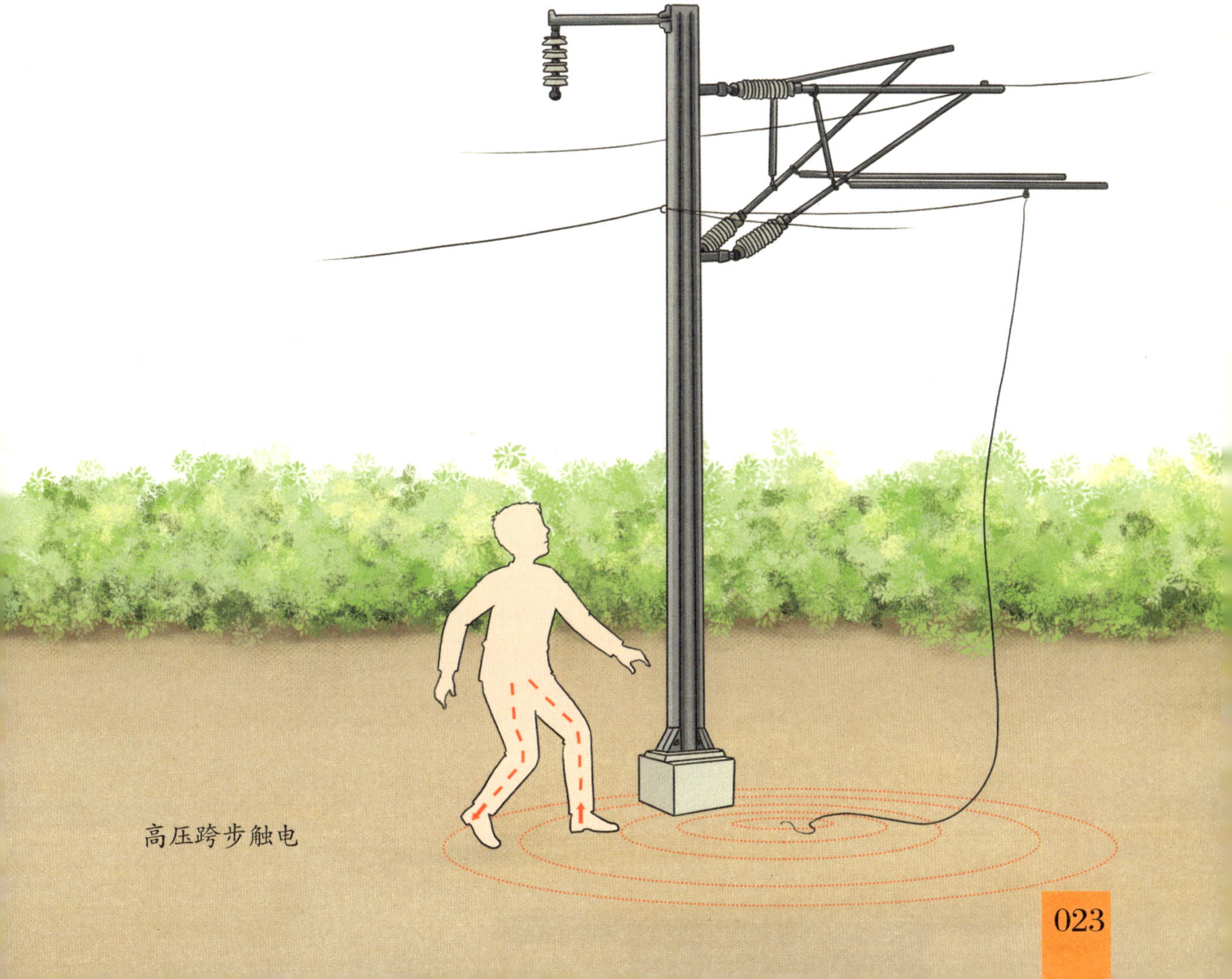

高压跨步触电

RAILWAY LINE SAFETY PROTECTION ZONE

铁路线路安全保护区

铁路线路安全保护区的范围

从铁路线路路堤坡脚、路堑坡顶或者铁路桥梁外侧起向外的距离分别为：

A 城市市区，高速铁路为 10 米，其他铁路为 8 米。

B 城市郊区居民居住区，高速铁路为 12 米，其他铁路为 10 米。

C 村镇居民居住区，高速铁路为 15 米，其他铁路为 12 米。

D 其他地区，高速铁路为 20 米，其他铁路为 15 米。

最终以县级以上地方人民政府划定并公告的范围为准。

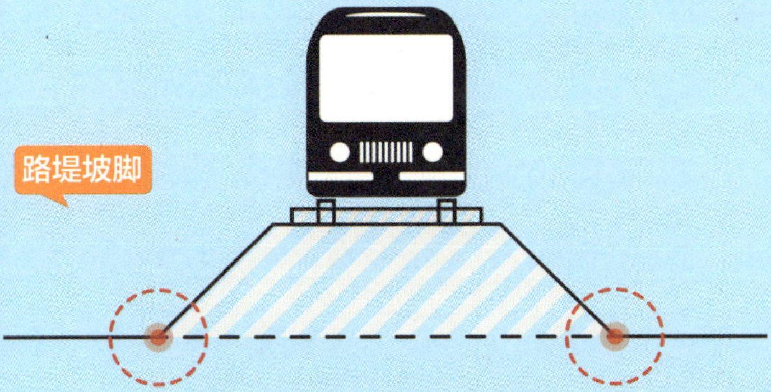

① 铁路路堤坡脚位置示意图

② 铁路路堑坡顶位置示意图

③ 铁路桥梁外侧位置示意图

铁路线路安全保护区标桩

A 型标桩

A 型标桩为基本型，沿铁路线路安全保护区边界每 200 米左右设置一个。

B 型标桩

B 型标桩为辅助型，在人员活动频繁地段的道口、桥隧两端、公路立交桥附近醒目地点、居民区附近和人身伤害事故多发地段的铁路线路安全保护区边界设置。

铁路线路安全保护区禁令

在铁路线路安全保护区内，未征得铁路运输企业同意，禁止擅自建造

建筑物、构筑物等设施，禁止擅自取土、挖砂、挖沟、采空作业或者堆放、悬挂物品等。

• 安全保护区内禁止擅自取土、挖砂、挖沟、采空作业

• 安全保护区内禁止堆放物品

违反规定的，由铁路监督管理机构责令改正，并处 10 万元以下的罚款。

• 安全保护区内禁止擅自建造建筑物、构筑物

禁止在铁路线路安全保护区内烧荒、放养牲畜、种植影响铁路线路安全和行车瞭望的树木等植物。

禁止向铁路线路安全保护区排污、倾倒垃圾以及其他危害铁路安全的物质。

• 安全保护区内禁止烧荒、排污

• 安全保护区内禁止倾倒垃圾

• 安全保护区内禁止放养牲畜

违反规定的，由铁路监督管理机构责令改正，对单位可以处 5 万元以下的罚款，对个人可以处 2000 元以下的罚款。

禁止违反国家标准、行业标准关于安全防护距离的规定，在铁路线路两侧建造、设立生产、加工、储存或者销售易燃、易爆或者放射性物品等危险物品的场所、仓库。

违反规定的，由铁路监督管理机构责令改正，对单位处 5 万元以上 20 万元以下的罚款，对个人处 1 万元以上 5 万元以下的罚款。

- 设立危险品的场所、仓库应符合规定的安全防护距离

高速铁路线路路堤坡脚、路堑坡顶或者铁路桥梁外侧起向外各 200 米范围内禁止抽取地下水。

未与铁路运输企业协商一致，禁止在铁路线路路堤坡脚、路堑坡顶、铁路桥梁外侧起向外各 1000 米范围内，以及在铁路隧道上方中心线两侧各 1000 米范围内从事露天采矿、采石或者爆破作业。

违反规定的，由铁路沿线所在地县级以上地方人民政府水行政主管部门、国土资源主管部门等依照有关水资源管理、矿产资源管理法律、行政法规的规定处罚。

• 从事采矿、采石等作业，应当遵守有关法规，符合铁路安全保护要求

在电气化铁路附近，从事排放粉尘、烟尘及腐蚀性气体的生产活动，禁止超过国家规定的排放标准。

危及铁路运输安全的，由县级以上地方人民政府有关部门依法责令整改，消除安全隐患。

禁止在铁路桥梁跨越处河道上下游的下列范围内采砂、淘金：跨河桥长500米以上的铁路桥梁，河道上游500米，下游3000米；跨河桥长100米以上不足500米的铁路桥梁，河道上游500米，下游2000米；跨河桥长不足100米的铁路桥梁，河道上游500米，下游1000米。

任何单位和个人不得擅自在铁路桥梁跨越处河道上下游各1000米范围内围垦造田、拦河筑坝、架设浮桥或者修建其他影响铁路桥梁安全的设施。

• 安全保护区内禁止擅自采砂

违反规定的，由铁路沿线所在地县级以上地方人民政府水行政主管部门、国土资源主管部门等依照有关水资源管理、矿产资源管理等法律、行政法规的规定处罚。

禁止机动车违反限高、限宽规定通过下穿铁路桥梁、涵洞的道路。

违反规定的，由公安机关依照道路交通安全管理法律、行政法规的规定处罚；损坏铁路设备设施的，依法进行赔偿。

• 禁止超高超限车辆通过铁路桥梁、涵洞

安全小知识

1. 高速动车组速度快，制动距离远。高速动车组时速达300公里时，每秒可以跑83米多，相当于人步行速度的50倍，相当于12级台风速度37米／秒的2倍多，紧急制动距离约为3800米。当高速动车组时速达350公里时，紧急制动距离限值约为6500米，极其危险。

2、高速动车组速度快，吸力大。高速动车组时速为300公里通过时，在铁路边掀起的风速大于每秒14米，铁路边行走的人很容易被吸卷入车底。高速动车组进站时，站台候车旅客若过近也会被“吸”向火车，雨天撑伞时更危险。因此，站台候车时必须站在黄色安全线之外。

3. 高速动车组速度快，冲力大。高速动车组时速300公里，与1千克物品撞击时会产生4.9千牛以上的冲击力（相当于500千克物体的重力），所以向高速动车组抛物很可能会对列车和旅客人身安全造成严重的伤害。

4. 接触网电压高，易伤亡。高速动车组全部采用接触网供电驱动，电压达27.5千伏，比人体能接受的安全电压36伏高700多倍，为常用的220伏生活用电的125倍。一旦侵入安全距离，非亡即伤。

沪昆客运专线水桶木寨特大桥　黄琦 / 摄

2 危害铁路行为

DISTURB TRAFFIC ORDER

扰乱行车秩序

启 示

下述违法行为，由公安机关责令改正，对单位处 1 万元以上 5 万元以下的罚款，对个人处 500 元以上 2000 元以下的罚款。

• 非法拦截列车、阻断铁路运输

• 扰乱铁路运输指挥调度机构以及车站、列车的正常秩序

• 在铁路线路上放置、遗弃障碍物

DESTROY RAILWAY FACILITIES

破坏铁路设施

• 拆盗、损毁或者擅自移动铁路设施设备、机车车辆配件、标桩、防护设施和安全标志

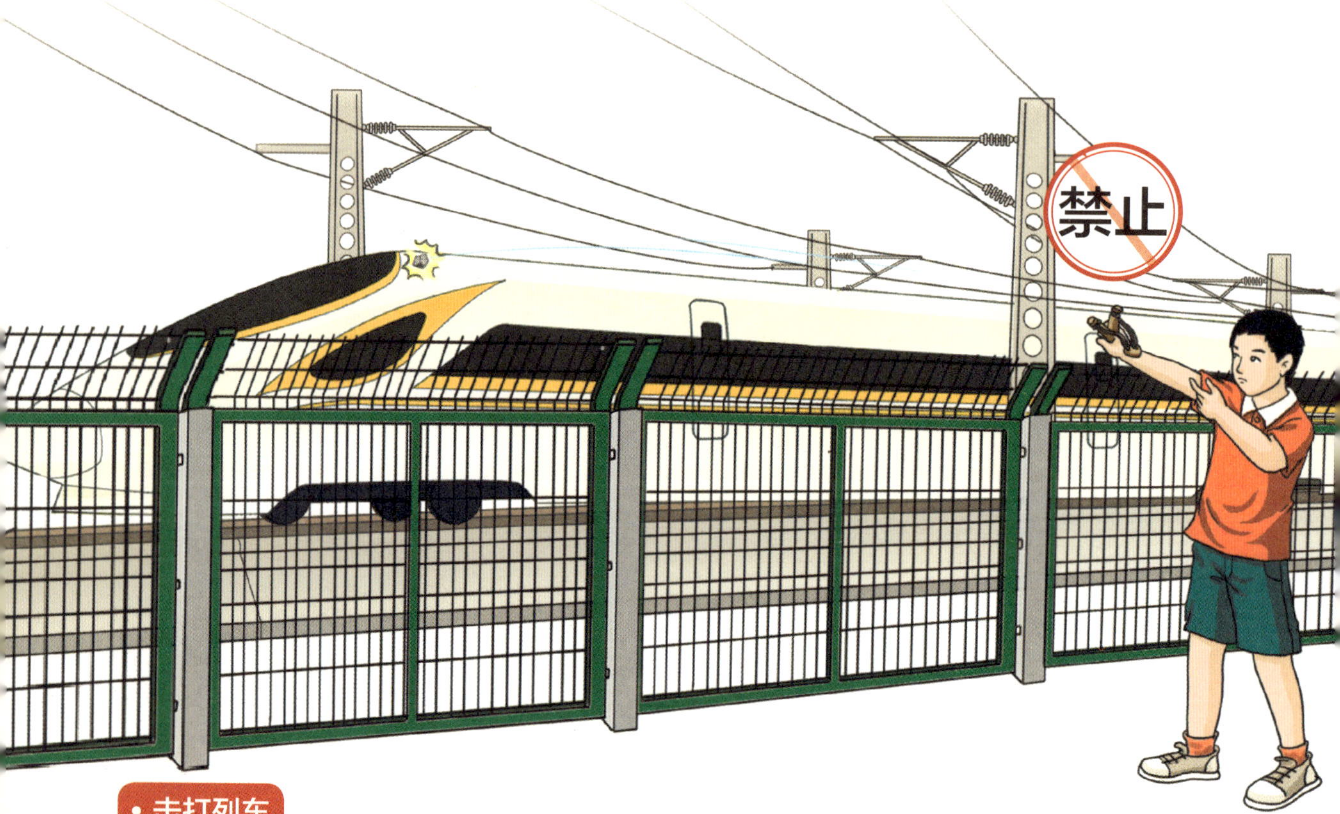

• 击打列车

• 破坏铁路通信、信号设施、电气化铁路设施

• 毁坏铁路安全防护设施

UNAUTHORIZED ILLEGAL OPERATION

擅自违规操作

• 盗卖、收购铁路废旧器材

• 擅自进入铁路线路封闭区域或者在未设置行人通道的铁路桥梁、隧道通行

- 擅自松动、拆解、移动列车中的货物装载加固材料、装置和设备

- 擅自移动铁路线路上的机车车辆，或者擅自开启列车车门、违规操纵列车紧急制动设备

UNCIVIL BEHAVIORS

不文明乘车

- 拒绝接受和配合铁路运输企业在车站、列车实施的安全检查

- 违法携带、夹带管制器具，违法携带、托运烟花爆竹、枪支弹药等危险物品或者其他违禁物品

旅客应当接受并配合铁路运输企业的安全检查工作。拒绝配合的，铁路运输企业应当拒绝其进站乘车和托运行李物品。铁路运输企业在安全检查过程中，对扰乱安全检查工作秩序，妨碍安全检查人员正常工作的，应当予以制止，不听劝阻的，交由公安机关处理。

• 从列车上抛扔杂物

扰乱车站、火车公共秩序的，非法拦截或者强登、扒乘影响列车正常行驶情节较重的，散布谣言、谎报险情、疫情、警情或者以其他方法故意扰乱公共秩序的，扬言实施放火、爆炸、投放危险物质扰乱公共秩序的，盗窃、损毁或者擅自移动铁路设施、设备、机车车辆配件或者安全标志的，在铁路线路上放置障碍物、故意向列车投掷物品的，在铁路线路、桥梁、涵洞处挖掘坑穴、采石取沙的，在铁路线路上私设道口或者平交过道的，有违反国家规定收购铁路废旧专用器材的，在一定情形下，还会被处五日以上十日以下的拘留处罚。强拿硬要或者任意损毁、占用公私财物的或其他寻衅滋事行为的，处五日以上十日以下拘留，情节较重的，处十日以上十五日以下拘留。

破坏交通工具、交通设施造成严重后果的，构成犯罪，处十年以上有期徒刑、无期徒刑或者死刑。过失犯前款罪的，处三年以上七年以下有期徒刑；情节较轻的，处三年以下有期徒刑或者拘役。

3 警示教育 案例

攀爬机车车辆死亡案例

2015 年 3 月某日峰福线福州东站 4 道，一男子攀爬刚刚到达的棚车车顶，被接触网电击后，坠落死亡。

2019 年 2 月某日，湖南省新化县一学校 14 岁的初二学生阳某与三名同学违法进入沪昆线金滩站玩耍，后独自从金滩站 6 道保留车西头第 1 位棚车车梯爬至车顶后被接触网电击致伤，另三人受惊吓后离开了现场。值班站长接到当地村民“站内货车上有一人被电击伤”的电话告知后，会同驻站公安赶到现场，发现伤者坐在 4 道与 6 道间，全身大面积烧伤，伤势严重，立即拨打 120 急救电话，将伤者送往医院救治。

2018 年 11 月某日，湖南省怀化市中方县某小学六年级学生周某、陈某、汪某等一行 6 人从沪昆线泸阳站内东头一片被破坏的防护栅栏下钻越进入站内，见 5 道停留有一辆棚车，欲爬上棚车车顶玩耍。周某率先爬上棚车车顶，并站立在车顶向地面其他同学招手，突然被电击倒、衣服起火并随之从车顶北侧掉落至地面。其余 5 人看到情况后，立即朝东头进入车站方向跑离了现场。伤者全身约 40％ 面积烧伤，被送往医院救治。

启 示

攀爬车辆时，身体侵入高压电的放电范围，非常容易引起高压电线向人体进行弧光放电，造成电击大面积烧伤甚至死亡。

攀登电力杆塔死亡案例

2016 年 1 月某日峰福线南雅站至大横站间，一男子攀登接触网电杆，被接触网电击后坠落死亡。

启 示

攀爬电杆非常危险，会造成身体侵入高压电的放电范围，引起高压电击人体，从高处坠落。

钓鱼线、长杆刮碰接触网触电案例

2016年4月某日，峰福线闽清至大目埕区间，一名男子携带钓鱼竿走行铁路，竖立的钓鱼竿碰触到接触网，该男子被接触网电击死亡。

2019年3月某日，湖南省吉首市双塘镇某村村民杨某和其侄子二人从家中出发，计划到焦柳线K1104处的水坝中钓鱼，杨某在前，其侄子在后，从南往北通过杨家寨一号隧道，在隧道内行走时杨某右手平握钓鱼竿，从隧道北端出口处下道时杨某想要把钓鱼竿扛到右肩上，竖立的钓鱼竿碰触到接触网，杨某当场被接触网高压电流击伤，全身80%面积烧伤，被送医院救治。

启 示

手持长杆状物体，稍不留神，物体侵入高压电的放电范围，引起高压电线向物体放电，进而电击手持物体的人员，造成电击伤甚至死亡。

在线路上玩耍、照相造成相撞案例

2016 年 10 月某日，皖赣线浮梁至韩坑站间两名中学生在一处铁路弯道后的线路上玩手机，快速通过此处的列车虽然采取紧急停车措施，但惯性运行仍然发生相撞，两人经抢救无效死亡。

铁路安全知识**考考你**

D

通过铁路线路时，哪些错误的行为会危及生命安全?

2018 年 9 月某日，长沙市某中学初二学生吴某（女，13 岁）、林某（女，13 岁）放学后，在校门外遇到同学尹某（女，13 岁）和另一中学初二学生黄某（女，13 岁），四人因好奇相约去看火车。她们从一处线路护坡坡顶违法下到京广线路玩耍，并由北往南进入长沙隧道。列车通过隧道，尹某因避让不及时被列车撞上导致死亡。

2016年4月某日，佛山某技术学院一名19岁女学生在广茂线小塘西至走马营间铁路沿线一玫瑰花场赏花。列车接近时，该女学生突然走上铁道，背对列车，站在线路上照相。整个过程中，她对列车的鸣笛警示毫无反应。最终，由于身体侵限，该女学生被列车刮碰致死。

－小知识－

制动： 指使运行中的机车、车辆及其他运输工具或机械等停止或减低速度的动作。

制动距离： 在车辆处于某一时速的情况下，从开始制动到完全静止时，车辆所驶过的路程。

启　示

在铁路线路上行走、逗留非常危险，前面介绍过，列车高速运行中，司机发现前方有人时采取紧急停车措施后还需要很长的制动距离才能停车，很难避免相撞事故的发生。

车辆抢越道口案例

2019 年 3 月某日，某公司某煤矿专用铁路调车车列，运行到刘村集至祁东站间何家道口处，与一辆抢越道口的电动三轮车相撞，停车 5 小时 28 分钟。事故造成 4 人当场死亡，1 人受伤。

2016 年 6 月某日，一辆小轿车抢越铁路无人看守道口，致使一辆正在行驶的调车机车采取紧急停车措施，但因惯性运行仍发生相撞，所幸机车速度已降得极低，没有造成人员伤亡。

2018 年 7 月某日，出租车司机肖某驾驶车由西向东通过某站无人看守道口时，在未进行瞭望、未减速、未确认道口是否有列车通过的情况下，驶入无人看守道口铺面上，一辆正由南向北运行的机车采取紧急停车措施，但因惯性运行仍发生相撞，构成铁路一般交通事故。

启 示

穿越有人看守的铁路道口时，遇有栏木放下、音响器发出报警或道口看守人员示意火车即将通过，车辆、行人必须依次停在停止线以外；没有停止线的，停在最外股钢轨外侧 5 米以外。

通过无人看守的铁路道口时，车辆、行人必须停止或止步瞭望，确认安全后，方准通过。

钻车底路外相撞案例

2017年4月某日，古某站铁路派出所、古某站先后接到古某县古阳镇路地联防办关于在古某站南头发现一具尸体的电话。古某站值班站长会同古某站铁路派出所有关人员赶到现场后，发现3道南头有一女性被拦腰碾压在钢轨上，已死亡。经调查确认，死者是在从家去古某县城奔丧途中，由古某站南头的一处非法通道进入站内，横越铁路抄近道，钻越停留在古某站3道的列车车底时，被启动后的列车碾压致死。

启 示

停留的车辆会因为停车时间结束，或者调动车辆变动位置的需要，随时发生移动，而车辆底部空间狭小，人员一旦钻爬入内后，移动困难，遇车辆移动极易被碰撞碾轧，造成伤亡。

刮落的彩钢瓦与列车相撞案例

2016 年 7 月某日，昌九城际铁路栅栏外一座民房屋顶的彩钢瓦被大风卷起，搭挂在铁路供电接触网上，造成接触网承力索烧损，中断行车 2 小时 16 分钟。

启　示

彩钢瓦等轻质材料建成的建（构）筑物抗风强度弱，遇大风天气容易被吹入铁路线路，造成相撞事故或接触网短路、断网等事故。

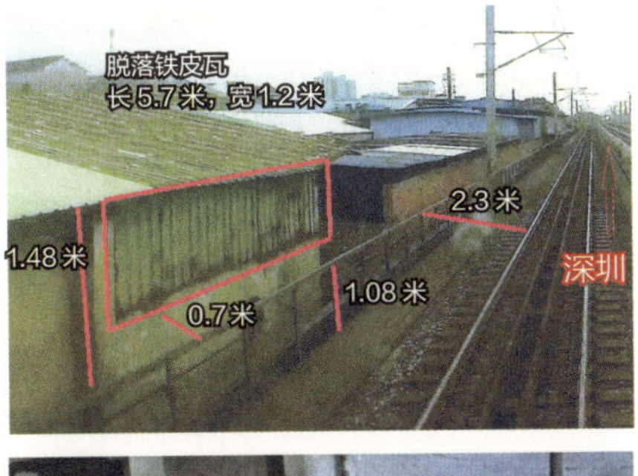

2019 年 2 月某日，广深Ⅲ线某列车运行至新塘站至仙村站间，列车尾部 3 辆车辆边门、货仓门扶手与左侧地方工厂脱落的彩钢瓦发生相撞，构成铁路交通事故。经调查，广深Ⅲ线 K43+972 处某洗漂厂厂房侵入铁路红线范围 10.3 米，距离Ⅲ线线路中心 3.7 米，靠Ⅲ线左侧厂房外墙上部窗洞的彩钢瓦围挡，在经过的 24 趟列车形成的空气负压作用下发生脱落，与列车尾部 3 辆车辆发生碰撞，是造成事故的直接原因。

防尘网挂接触网造成高铁大面积晚点案例

2019 年 4 月某日，昌九城际线列车司机汇报：某站 K2+970 处接触网挂异物，影响上行电力机车运行。铁路供电部门检查确认该处接触网上挂有一块绿色防尘网（宽 5 米长 15 米），申请停电处理，4 列受影响的客车在不同站停车。经调查发现是铁路线路外侧 20 米处，地方房屋拆迁后覆盖泥土的防尘网未采取有效牢靠的加固措施，被大风吹至接触网上。

2018 年 5 月某日，龙漳线某次动车司机发现草坂至漳州站间下行线 K102+100 处接触网挂有异物，立即采取紧急制动，随车机械师登顶作业处理；影响本列晚点 2 小时 57 分钟；另外影响 15 列动车不同程度晚点。经铁路派出所调查，是一处离铁路 70 米的花圃上遮阳网固定锁扣未锁紧，被大风吹起飘落到接触网上所致。

2019年1月某日，广州至香港的高速列车以时速300公里运行至广深港上行线光明城—虎门间某处时，司机发现运行前方接触网上挂有异物，立即停车，经铁路供电人员上道清除异物后恢复正常。该事件影响动车组61列不同程度晚点。经调查，该异物是广深港线楼村1号特大桥上左侧一处工地上用于覆盖土堆的绿色防尘网，此防尘网被阵风吹落到铁路接触网上。

启　示

防尘网、遮阳网、塑料薄膜等轻质飘浮物很容易被风吹起，飘落到铁路供电接触网上，缠绕铁路供电接触网，造成短路、放电，损坏动车或机车上的受电弓等问题，严重干扰铁路运输秩序，甚至造成事故。

倒树影响列车安全的案例

• 铁路安全知识答案 •

D　在铁路线路上行走、坐卧、玩耍，钻爬机车车辆等都会危及生命安全。

2019 年 4 月某日，从长沙发往南京的一趟高铁列车刚刚驶出咸宁北站，司机突然收到紧急指令："咸宁至乌龙泉区间接触网突然跳闸，请紧急停车。"列车停车后，随车机械师立即下车检查线路，发现前方有一棵树斜倒在铁路上，树枝压住了接触网。经铁路部门紧急处理，列车恢复正常运行。其间共造成 28 趟动车晚点。

经铁路公安部门侦破，是附近村民李某想要砍树牟利，没想到砍下的大树倒向了高铁轨道。依据《中华人民共和国治安管理处罚法》相关规定，铁路警方对李某处以行政拘留 7 日的处罚。

2018 年 9 月某日，沪昆线某次列车运行至棋梓桥至胜昔桥站间下行线 K1213+650 处，因树枝侵限，列车紧急制动停车。经铁路供电和工务部门对倒树现场处理后，恢复行车。共影响客车 5 列、货车 10 列不同程度晚点，构成铁路交通事故。

启 示

铁路线路两侧的防护林木和护坡草坪是为了保护线路稳定，防止雨水冲刷和风沙等灾害而特意栽培的。擅自种植过于高大的树木既可能影响司机瞭望，也会因倒伏侵入铁路线路而损坏铁路供电设备，或者拦停列车，甚至造成相撞事故。

铁路安全知识 考考你

E 危害铁路安全的行为会不会犯罪呢？你身边有这样的例子吗？

击打列车受到治安处罚案例

2018 年 1 月某日，大连铁路警方发布消息称，大连一小伙在大连庄河北站高铁栅栏旁，用弹弓进行射击，将途停高铁列车玻璃打碎，警方依据《中华人民共和国治安管理处罚法》，对责任人给予行政拘留 7 日处罚。

启 示

击打列车造成财产损失，甚至危害旅客或者司乘人员的生命安全，是违法行为，必将受到法律的严惩。

破坏铁路设施被追究刑事责任案例

2014年8月某日，黄某、熊某某为拆卸铁轨上的螺帽拿去卖掉换钱，随身携带扳手来到南昆铁路线上，后因螺帽太难拧松而放弃。随后，二人轮流使用扳手将铁道上护轮轨的夹板、螺栓等扣件及一根护轮轨拆卸下来，扔进铁路防护栏外的草丛中藏匿后逃离现场。后经公安调查将二人抓获。

经审判，被告人黄某、熊某某拆卸正在使用中的铁路轨道设备，足以使列车发生倾覆、毁坏危险，危及行车安全，其行为已经构成破坏交通设施罪。考虑到两人是初次犯罪而且有自首情节，悔罪态度良好，可以给予他们改过自新的机会。最后法院根据两人的犯罪事实和量刑情节作出了判决。

铁路安全知识答案

E　危害铁路安全的违法行为构成犯罪。如偷盗铁路器材、在铁路线路上摆放障碍物足以导致列车颠覆时，将被追究刑事责任。

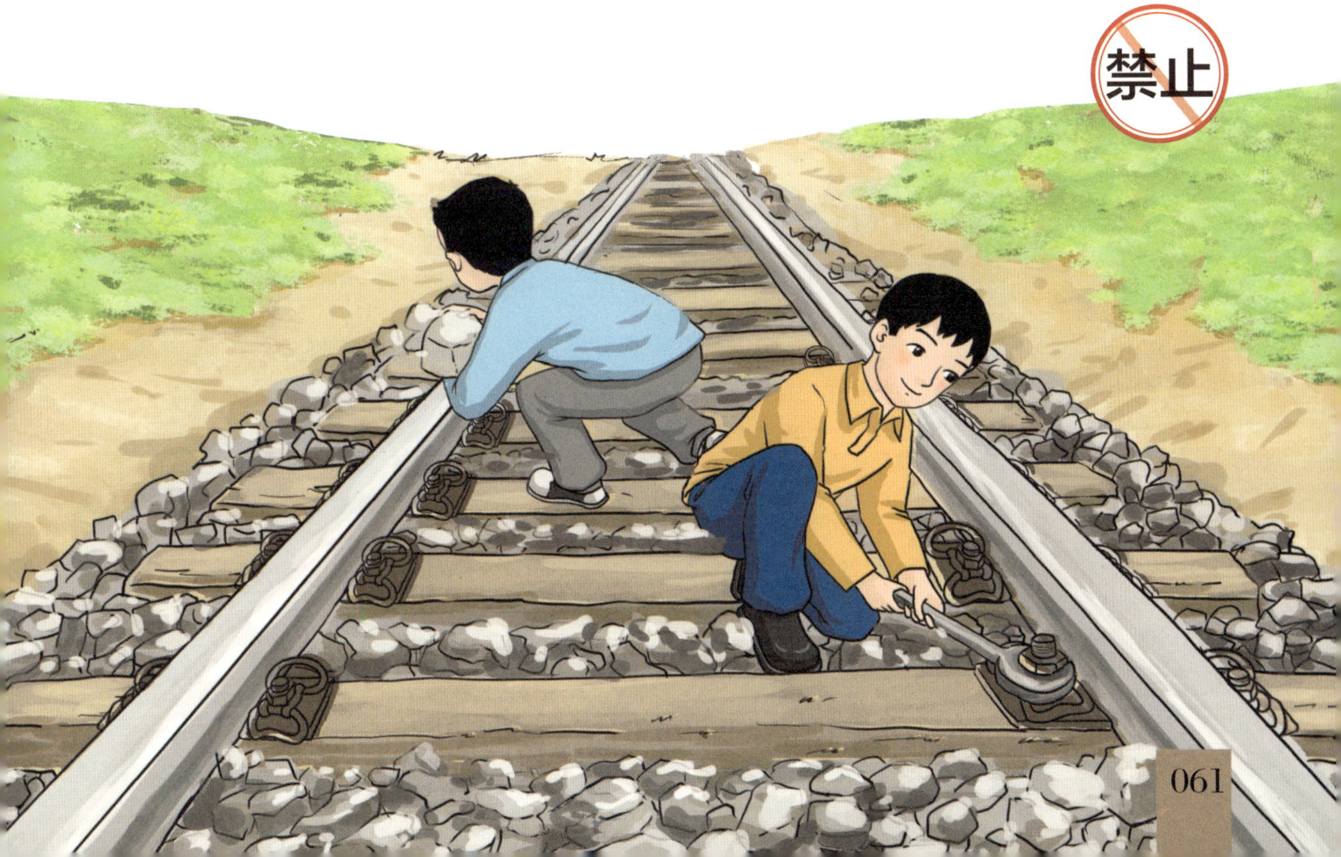

2018年9月某日，犯罪嫌疑人雷某出于好奇，想看看火车撞到水泥板会怎样，于是从封闭栅栏顶部翻越进入益湛线，行至隧道北侧口时在下水道搬了一块水泥盖板放置在钢轨上，又行至隧道内约30米处从下行左侧搬了一块线路电缆槽水泥盖板放置在轨道上，导致通过此处的列车撞上水泥块停车，构成铁路交通事故。

启 示

破坏铁路设备设施，可能造成列车发生倾覆、毁坏的严重后果时，构成破坏交通设施罪，必然受到严惩。

禁止

水泥板被搬到了钢轨上

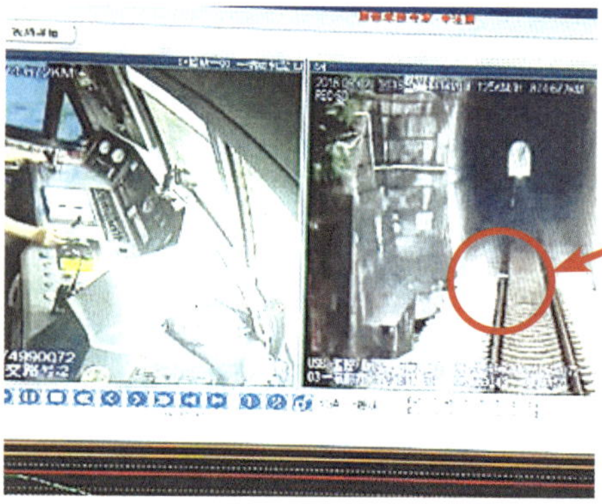

犯罪嫌疑人作案后，顺原路离开铁路徒步行走逃离现场。经公安部门调查，将犯罪嫌疑人以破坏交通设施罪依法刑事拘留。

2016年4月某日凌晨1时50分许，在淮北市某区某羊肉烧烤店打工的郝某某、孙某某，在烧烤店关门打烊后结伴返回住处。途经铁路符夹线淮北站至濉溪站某处时，为寻求刺激，二人将铁路边一根报废枕木抬放到铁轨上，并在不远处观看。2时06分，某次货物列车运行至此处，机车司机发现异物立即采取紧急制动措施，由于列车行驶速度较快，制动后仍然撞上枕木。枕木被牢牢卡在内燃机车排障器内，造成铁路中断行车1小时12分钟。郝某某、孙某某见机车撞上枕木停下后，心满意足地离开现场。回到住处，无知无畏的二人还把自己如何逼停火车之事向同室的老乡吹嘘。铁路公安机关接到报案后，经过调查将郝某某、孙某某抓获归案。经某铁路运输法院公开开庭审理，当庭以破坏交通设施罪分别判处被告人郝某某、孙某某有期徒刑四年二个月和四年。

复兴号动车组穿越油菜花田　伍光钦 / 摄

4 铁路基本常识

INITIAL STAGE OF CHINA'S RAILWAY DEVELOPMENT

中国铁路发展初始阶段

1825 年，英国第一次出现机动车列在轨道上载着乘客或货物往返于城市之间，后来美国、德国也开始修建起了铁路，那么中国是什么时候有铁路的呢？

中国历史上的第一条铁路——京郊铁路

1865 年英商在北京修造了一条小铁路，这是中国大地上出现的第一条铁路——京郊铁路，位于北京宣武门，全长仅 1 里路，也就是 500 米，无法营业。列车行驶时声音很大，被认为是怪物，慈禧太后派人将这条小铁路拆除，中国出现的第一条铁路就这样以闹剧收场。

▲ 京郊铁路

铁路安全知识考考你

F 你能列举出几个中国铁路的“第一”吗?

中国历史上最早出现的营业铁路——吴淞铁路

1872年(清同治十一年),美国驻上海副领事奥立维·布拉特福成立了一家“吴淞道路公司”,谎称要修筑一条“寻常马路”,骗取清政府同意,开始修建吴淞铁路,后因资金短缺,转让给英国商人狄克松并另外组建“吴淞铁路公司”继续修建。

骗局曝光后,清政府要求英国商人暂停修建铁路,但没有成功。1876年(光绪二年),吴淞铁路试运行并获得了成功。吴淞铁路是一条从上海闸北向北通到吴淞口的窄轨轻便铁路,长14.5公里。

吴淞铁路公司圈占乡民土地、试车轧死行人、运料火车与载客火车相撞等一系列事件,引发了公愤。铁路运营一年多,终因各种矛盾被迫停止,清政府开始和英国谈判,最终,清政府以28.5万两白银的价格赎买这条铁路。

1877年10月20日(光绪三年九月十四日)付清赎买铁路的银两后,时任两江总督的沈葆桢迅速下令拆毁铁轨、铲平路基、推倒车站。

◀ 吴淞铁路“先导号”机车由6名壮工抬上线路
▶ 吴淞铁路开通典礼木版画

中国自建的第一条标准轨货运铁路——唐胥铁路

唐胥铁路是光绪五年（1879 年），著名洋务企业开平矿务局建设的唐山至胥各庄（今唐山开平区）的铁路，主要用于运煤。

随着开平煤矿的全面投产，牵引力小、速度慢的“马车铁路”不能满足运输的需要，迫切希望改用动力机车。1881 年，中国工人根据设计图纸，利用开矿机的旧锅炉改装成一台简易蒸汽机车，中国制造的第一台蒸汽机车在唐胥铁路上成功运营。因为在机车两侧装饰有龙形图案被称为“龙号”机车。

1882 年清政府从英国苏格兰机车厂购入了 0 号蒸汽机车在唐胥铁路上运营。

▲“龙号”机车

▲ 0 号蒸汽机车模型

▲ 李鸿章等人视察唐胥铁路时在唐山车站的合影

你听说过“骡马拉火车”吗?

唐胥铁路虽然只有 9.7 公里长，但是它结束了中国没有铁路的历史，并拉开了中国铁路建设的序幕。然而清政府中顽固派对此强烈反对，说火车惊扰得“山川之神不安”，要招致灾难，并攻击铁路的机车声震动了清皇室的东陵等。因此，一度出现由骡马拉火车的“马车铁路”，最后几经周折，方重新使用机车牵引。

◀“马车铁路”

中国人自主设计和建造的第一条干线铁路——京张铁路

在小学语文课本中有一文叫《詹天佑》，就是通过介绍中国首位铁路总工程师的事迹，引出了中国人自主设计和建造的第一条铁路——京张铁路，以及它那举世闻名的“人”字形线路设计。京张铁路是詹天佑主持修建的，起于北京丰台柳村，经居庸关、八达岭、河北省的沙城、宣化至张家口，全长为 201 公里，是中国人自行设计和建造的第一条干线铁路。

全程分为三段：第一段丰台至南口段，于 1906 年 9 月 30 日通车；第二段南口至青龙桥关沟段，关沟段穿越军都山，最大坡度为 33‰（即每前进 1000 米坡度就上升 33 米），曲线半径 182.5 米，隧道四座，长 1644 米，采用“人”字形铁路，工程非常艰巨，建成后火车开行时，两边都有火车头，一边拉，一边推，到了拐弯处则反过来；第三段从青龙桥关沟至张家口，工程难度仅次于第二段。

• 铁路安全知识答案 •

F

中国历史上的第一条铁路——京郊铁路

中国历史上最早出现的营业铁路——吴淞铁路

中国自建的第一条标准轨货运铁路——唐胥铁路

中国第一条设计时速 350 公里的高速铁路——京津城际铁路

世界上一次建成线路最长、标准最高的高速铁路——京沪高速铁路

▼“人”字形线路示意图

注：当时火车最高爬坡率只有 25‰，于是詹天佑借鉴美国高山地区铁路设计，用长度换高度的思想设计出“人”字形铁路。

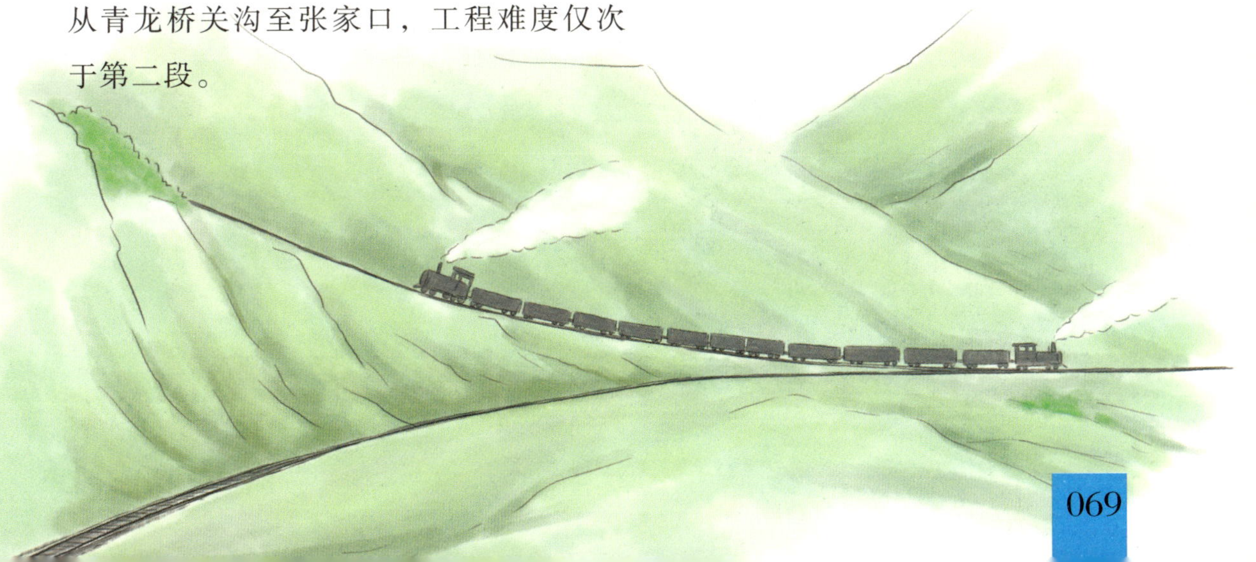

RAILWAY CONSTRUCTION IN NEW CHINA

新中国的铁路建设

1949年中华人民共和国成立时，全国铁路营业里程约2.1万公里。1949年后，我国铁路建设发展迅猛。进入21世纪，我国铁路建设进入了黄金机遇期，铁路现代化建设取得了世人瞩目的辉煌成就。

截至2023年底，全国铁路营业里程发展到15.9万公里，线路运行速度从每小时几十公里发展到现在的高速铁路每小时350公里。

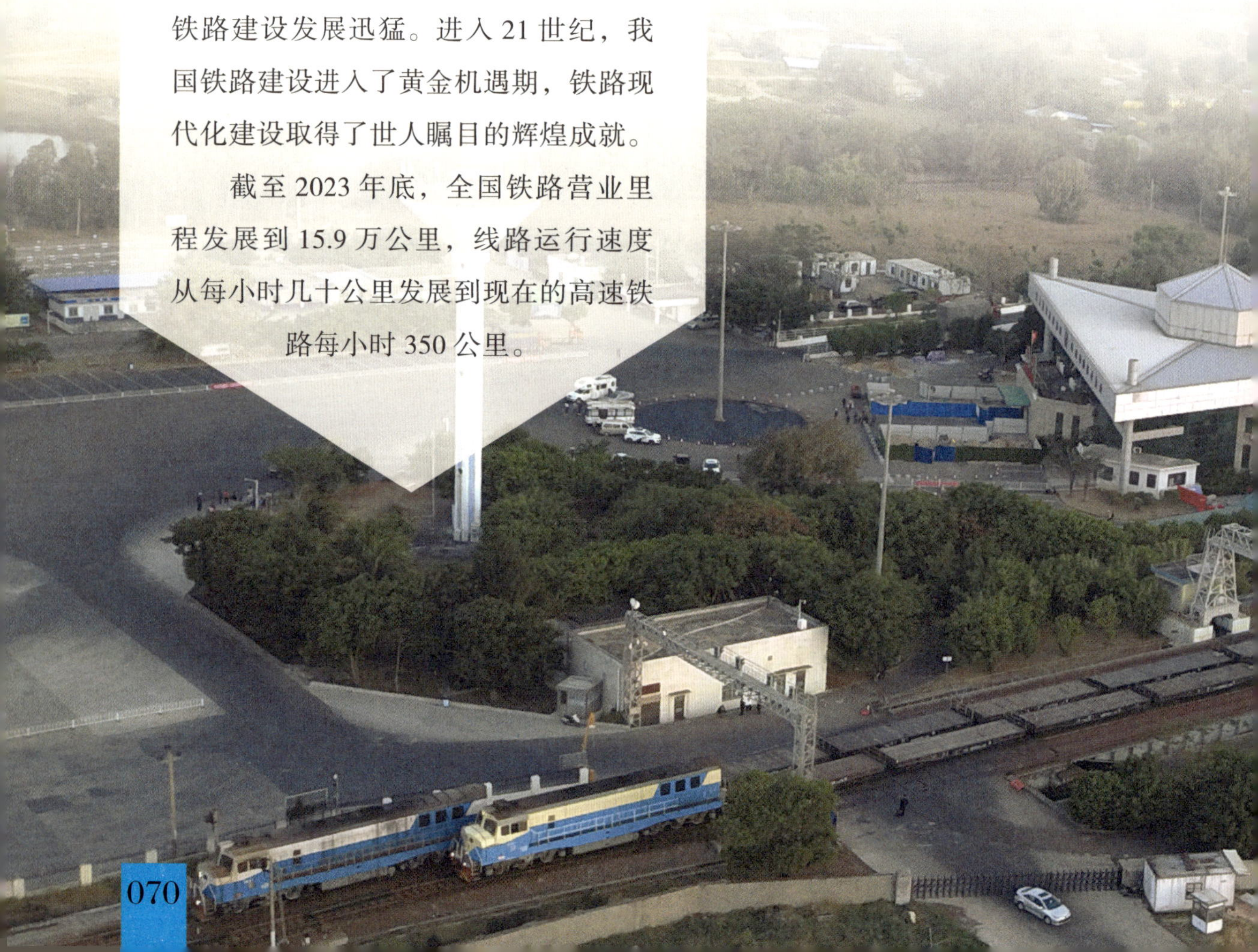

我国第一条跨海铁路通道——粤海铁路

粤海铁路2003年通车，连接我国的广东省和海南省，使铁路运输与海上运输连为一体。北起广东省湛江市，穿越雷州半岛，横跨琼州海峡，到达海南省三亚市，全长568.3公里，整个通道由湛海线、海南岛西环线、琼州海峡铁路轮渡组成。粤海铁路的通车表明中国在建设跨海铁路上取得了关键技术的突破。

粤海轮渡海口站　王明柱／摄

世界一流高原铁路——青藏铁路

青藏铁路2006年全线开通运营，是世界上海拔最高、线路最长的高原铁路。东起青海省西宁市，途经格尔木市、昆仑山口，翻越唐古拉山口，西至西藏自治区拉萨市，是通往西藏腹地的第一条铁路。途经青海湖、昆仑山、可可西里、三江源、藏北草原、布达拉宫等景区。青藏铁路的建成突破了多年冻土、高寒缺氧、生态脆弱三大世界难题，开创了西藏交通史上的新纪元。

青藏铁路拉萨河大桥 王明柱 / 摄

我国第一条重载铁路——大秦铁路

重载铁路运输是世界铁路发展的重要趋势，是发挥铁路在大宗、散装物资运输市场优势，提高运输质量、效率和效益，形成强大生产力的重要标志。因其运能大、效率高、运输成本低而受到世界各国的广泛重视，特别是对于幅员辽阔的国家，具有重要的现实意义。大秦铁路是我国首条重载铁路。西起大同地区，东至秦皇岛，途经山西、河北、北京、天津四省市，全长653公里。年运量从设计1亿吨一路跃升突破4.5亿吨，累计运输煤炭70多亿吨。

- 小知识 -

重载铁路是指行驶列车总重大、行驶大轴重货车或行车密度和运量特大的铁路，主要用于输送大宗原材料货物。

按照2005年国际重载协会理事会提出的重载铁路标准，重载铁路至少应符合如下3个条件中的2个：

①列车牵引质量不少于8000吨。

牵引质量，指的是机车牵引货物列车的总吨数。

②车列中车辆轴重达到或超过27吨。

轴重是指一个铁路车辆轮对承受的机车或车辆重量。轴重反映了轨道承受的静荷载强度。

③线路长度不少于150公里的区段，年计费货运量不低于4000万吨。

LOCOMOTIVE MANUFACTURING IN NEW CHINA

新中国的机车制造

机车是铁路运输的牵引动力。1949 年中华人民共和国成立时，中国可统计的机车有 4069 台，分别出自 9 个国家的 30 多家工厂，机车型号多达 198 种，人称“万国机车博物馆”。

1949 年后，我国的机车制造发展迅猛。铁路机车历经了蒸汽机车、内燃机车、电力机车、高速动车组等四个时代。2017 年 6 月 26 日，我国拥有完全自主知识产权的中国标准动车组“复兴号”在京沪高速铁路正式双向首发。

1952 年：蒸汽机车

1958 年：内燃机车

1958 年：电力机车

2008 年：高速动车组

2017 年：复兴号中国标准动车组

CHINA HIGH-SPEED RAILWAY NETWORK

中国高速铁路网

什么叫高速铁路

设计开行列车时速 250 公里以上，并且初期运营时速 200 公里以上的客运列车专线铁路，称为高速铁路。

我国第一条客运专线——秦沈客运专线

秦沈客运专线，最高试验速度每小时 321.5 公里，设计时速 250 公里，2003 年 10 月 11 日竣工运营，最高运营时速 210 公里。

中国第一条设计时速 350 公里的高速铁路——京津城际铁路

京津城际铁路，是一条连接北京市与天津市的城际铁路，2008 年 8 月 1 日正式开通运营。运营十余年，累计发送旅客超 3.4 亿人次，发车最小间隔由 15 分钟缩短至 3 分钟。

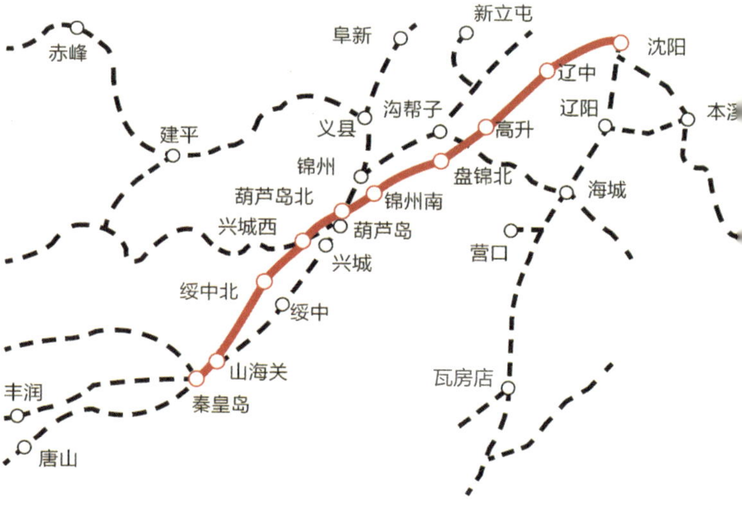

▲ 秦沈客运专线示意图

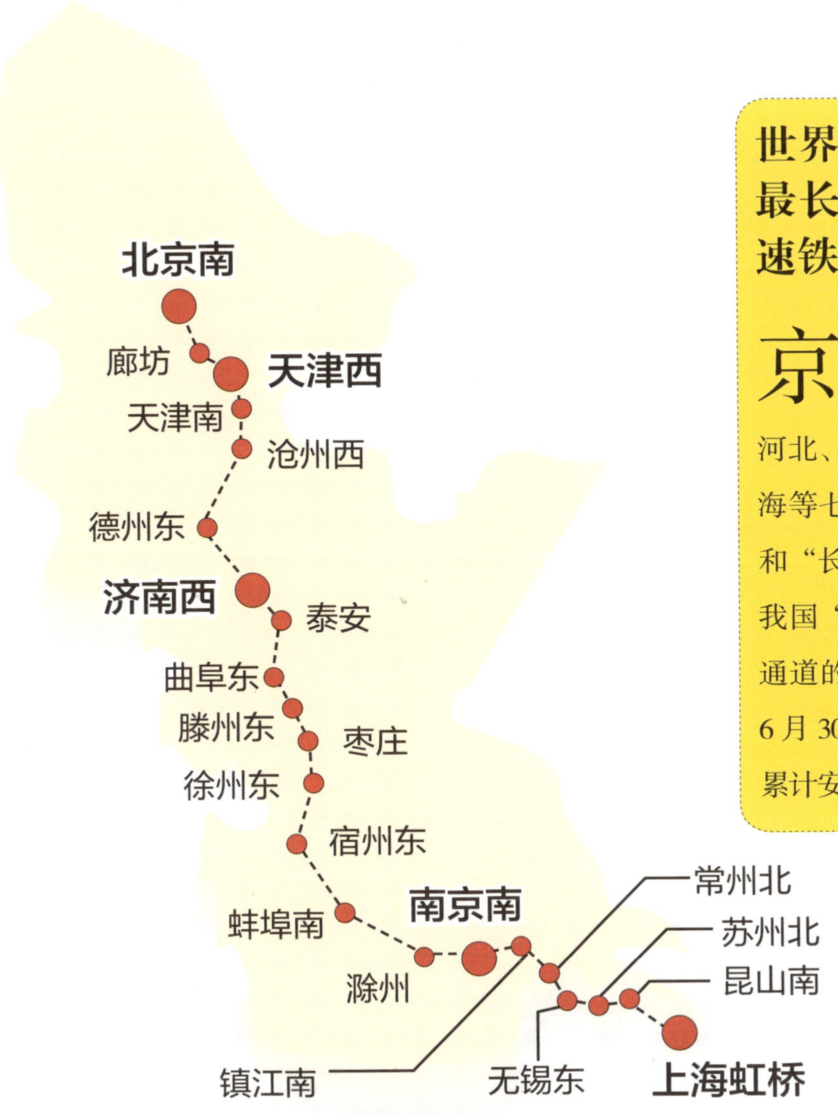

世界上一次建成线路最长、标准最高的高速铁路——京沪高铁

京沪高速铁路，全长1318公里，纵贯北京、天津、河北、山东、安徽、江苏、上海等七省市，连接“京津冀”和“长三角”两大经济区，是我国“八纵八横”高速铁路主通道的重要组成部分，2011年6月30日开通，运营十周年，累计安全运送旅客13.5亿人次。

“四纵四横”到“八纵八横”的高速铁路网

为加快构建布局合理、覆盖广泛、高效便捷、安全经济的现代铁路网络，2017年，我国“四纵四横”高铁网建成运营。按照调整后的《中长期铁路网规划》的要求，要在实现“四纵四横”高速铁路网的基础上，建成以“八纵八横”主通道为骨架、区域连接线衔接、城际铁路补充的高速铁路网，实现省会城市高速铁路通达、区际之间高效便捷相连。截至2023年底，“八纵八横”高铁网正加密成型，中国高铁营业总里程达到4.5万公里。我国铁路实现了快速发展。

广深港高铁动感号列车　何坚强 / 摄

CHINA'S HIGH-SPEED RAIL FAMILY

高速动车组家族

中国的第一代高速动车组

第一代高速动车组源于海外技术引进消化吸收再创新，主要为CRH1、CRH2、CRH3和CRH5系列。

知识链接
ZHISHI LIANJIE

复兴号动车组

1. CR200J 型复兴号动车组最高运营时速 160 公里。

2. CR300BF 型复兴号动车组最高运营时速 250 公里。

3. CR400AF 型复兴号动车组最高运营时速 350 公里。

4. CR400BF 型复兴号动车组最高运营时速 350 公里。

和谐号动车组

1. CRH1A 型动车组最高运营时速 250 公里。

2. CRH2A 型动车组最高运营时速 250 公里。

3. CRH5A 型动车组最高运营时速 250 公里。

4. CRH380A 型动车组最高运营时速超过 400 公里。

中国的第二代高速动车组

第二代高速动车组吸收消化了引进技术后，更加契合我国铁路运营的实际情况，主要为CRH380系列。

▲ CRH 动车组

中国的第三代高速动车组

第三代高速动车组，全称“复兴号中国标准动车组”，又称“复兴号”高速列车，由中国国家铁路集团有限公司主导，20余家单位联合历经3年研制而成，具有完全自主知识产权。试验速度可达时速400公里及以上，其设计寿命更长、自动化程度更高、安全控制性更强，涉及的254项重要标准，中国标准占84%。

“复兴号”高速列车的正式投入运用，标志着我国完全掌握了高速列车核心技术。CR400AF和CR400BF已成为世界上运营时速最高的动车组列车之一。

▲ CR400AF 动车组

▲ CR400BF 动车组

我国完全自主知识产权的高速动车组是第几代动车组？被称为什么动车组？

2017年6月26日，两列复兴号率先在京沪高速铁路正式双向首发，标志着我国铁路成套技术装备特别是高速动车组已进入世界先进行列。

其350公里的运营时速，为世界高速铁路商业运营树立了新的标杆。因此，我国完全自主知识产权的高速动车组是第三代动车组，被称为“复兴号”动车组。

铁路安全知识 考考你

G 你知道时速120公里和时速300公里的列车紧急制动距离分别为多少米吗？

复兴号动车组是由我国自主研发、具有完全知识产权的新一代高速列车。

Fuxing EMU is a new generation of high-speed train with complete intellectual property rights developed independently by China.

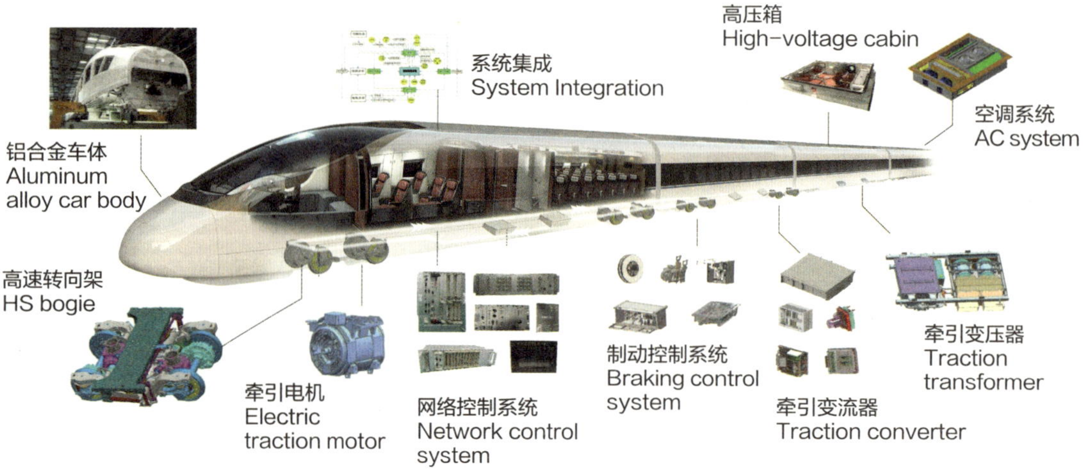

FUTURE HIGH-SPEED TRAIN

未来高速列车

民航客机时速一般为900公里，你知道我国已下线的高速磁浮试验样车时速为多少吗?

磁浮列车由于车体与轨道不接触、无摩擦，具有噪声小、损耗小、易维护等优点，被誉为“零高度飞行器”。2019年5月23日10时50分，我国时速600公里高速磁浮试验样车在青岛下线。这标志着我国在高速磁浮技术领域实现重大突破。

▼ 高速磁浮试验样车示意图

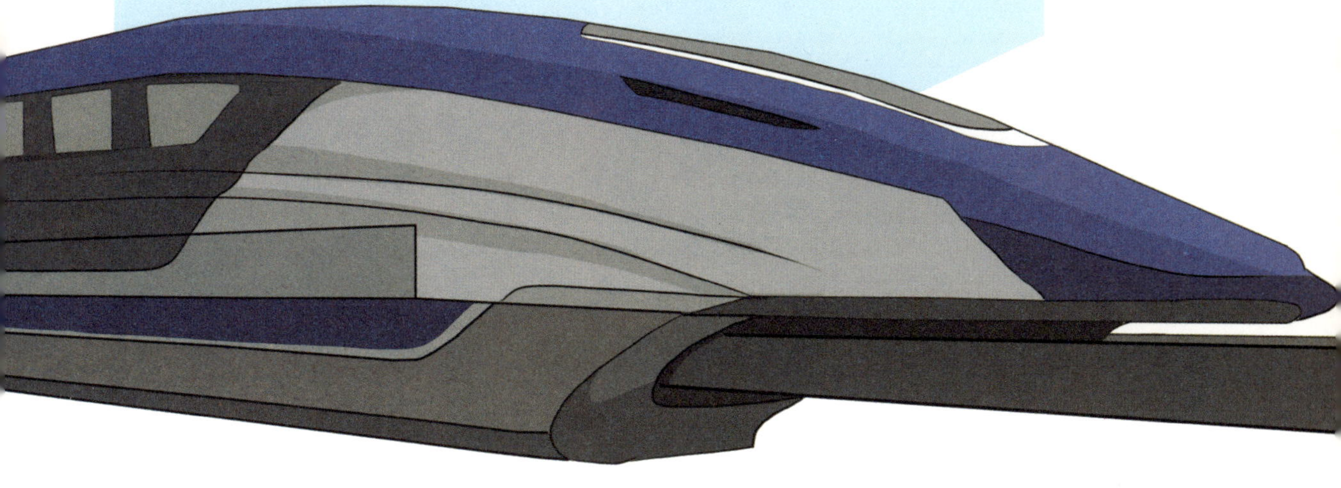

• 铁路安全知识答案 •

G 时速 120 公里的列车紧急制动距离达到 800 米；时速 300 公里的列车紧急制动距离达到 3800 米。

– 小知识 –

时速 120 公里的列车每秒运行约 33 米，紧急制动距离达到了 800 米；

时速 200 公里的列车每秒运行约 56 米，紧急制动距离达到了 2000 米；

时速 300 公里的列车每秒运行约 83 米，紧急制动距离达到了 3800 米。

超级高铁

中国的超级磁悬浮列车——“超级高铁”已在研制中，采用了“高温超导磁悬浮 + 真空管道”技术，外表如胶囊，未来的时速可达到 1000 公里，具有超高速、高安全、低能耗、噪声小、污染小等特点。后续还将研制最大运行时速 4000 公里的超级高铁，比声速的三倍还快。

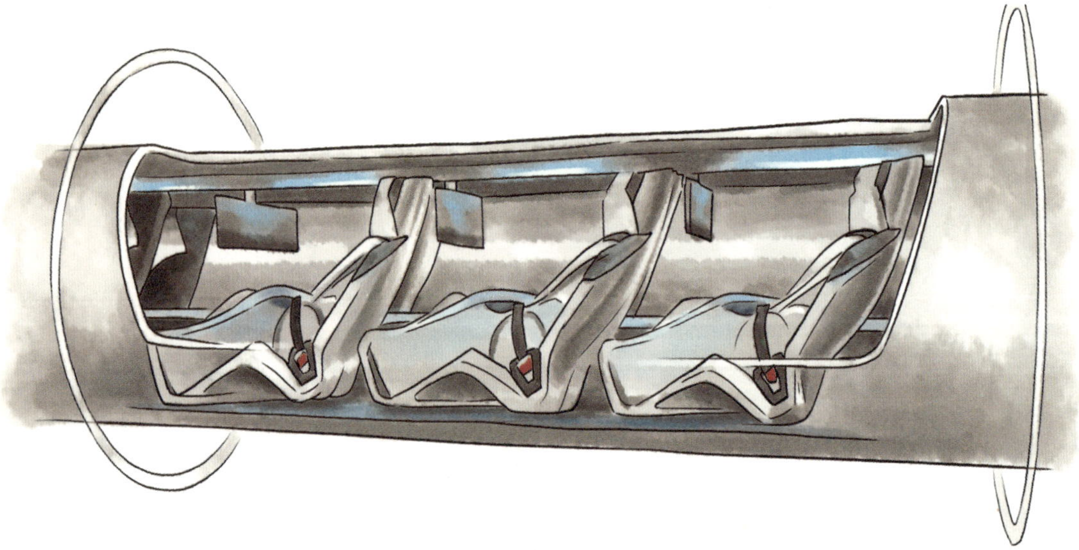

▲ 超级高铁示意图

INTELLIGENT HIGH-SPEED RAILWAY

智能高铁

在詹天佑创造性地设计建造了“人”字形铁路百年之后，中国铁路人再次向世界展示智慧——为北京 2022 年冬奥会打造智能京张高铁。这条高铁不仅全线采用智能技术建造，更是在清河站设计建造成了地铁和高铁并场，在八达岭长城的地下 102 米建造了世界上最大最深的高铁站。在智能技术运用方面，采用了人脸识别进站、站内导航智能机器人、复兴号动车组自动驾驶、北斗卫星导航系统、故障预测和健康管理系统等世界领先的科学技术。在信息技术方面，全列动车由高速互联网覆盖，同时设计了媒体车厢，打造出移动媒体中心，既能让记者在移动中报道奥运，也能让乘客在移动中观看奥运报道。

▼ 京张高铁智能动车组

注：京张高铁智能动车组分为标准配置、奥运配置两款车型（如图）。标准配置是在 CR400BF 复兴号动车组基础上优化了头型及外观，增加了智能模块和适应京张线路特点的相关功能。奥运配置是在标准配置上增加了奥运模块。

小知识

盾构机（shield machine）：是一种隧道掘进的专用工程机械，具有开挖切削土体、输送土碴、拼装隧道衬砌、测量导向纠偏等功能，也叫盾构隧道掘进机。

▲ 天佑号盾

知识链接
ZHISHI LIANJIE

京张高铁线路中清华园隧道全长 6.02 公里，从地下穿越城区重要建筑物。修建时，采用盾构机施工，全过程可视化监控平台，实现了盾构掘进过程中的数字化模拟。盾构施工引起的地层及邻近建筑物实时预测预报技术、盾构隧道施工全过程的可视化动态管理技术，能够最大限度地减少对既有道路、管网、人行天桥、公交站台等基础设施的破坏，减少对市民、社区正常生活的干扰，还能够减少后期高铁运营对周边环境的噪声污染。

京张高铁八达岭长城站位于地下 102 米处，不仅是 2022 年北京冬奥会的重要交通设施之一，也是京兰快速客运通道的重要组成部分。埋深之所以大，是为了保护我国近代工业的象征——青龙桥车站人字形线路的需要。在施工时，采用电子雷管微损伤爆破技术，减小了爆破振动，满足了国家文物局对振动速度的要求，实现了高铁站入口与八达岭长城景区融为一体。

为什么高速动车组为“子弹头”设计?

这个设计很有科技含量。它的原理有一个高大上的名称，叫作“空气动力学”。

随着列车运行速度不断提高，空气阻力的作用不断增加。时速为100公里时，空气阻力和机械阻力（如列车自身重力、轮轨摩擦、轴承和各种连接装置等在运动中产生的阻力）各占约一半；时速为200公里时，空气阻力占约70%，机械阻力只占约30%；时速为250公里时，空气阻力占列车总阻力的80%~90%，甚至更多。

因此，高速动车组需要重点解决空气阻力的问题。设计师们采用了“子弹头”式的设计，同时还将车身侧墙上下向车体内倾，与车顶和车底部的连接采用大圆弧过渡，使用导流板等大量空气动力学的设计，很好地解决了明线（非隧道）上列车运行时的表面压力波、会车时列车表面压力波、通过隧道时列车表面压缩波和微气压波、列车气动阻力等问题，提高了列车运行的稳定性和车厢内人员舒适性。

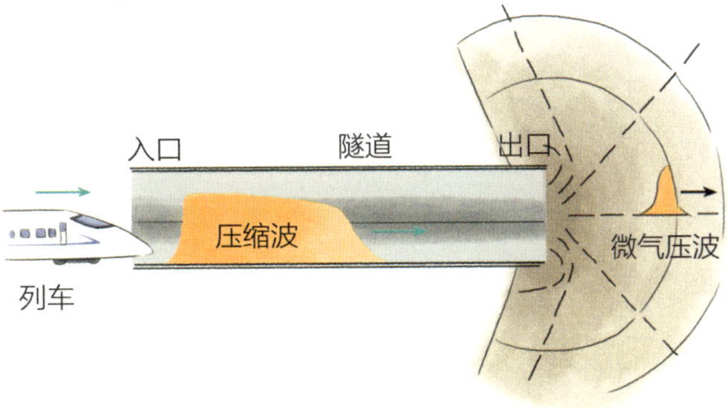

▶ 压缩波与微气压波形成机理

▼ 列车纵截面头部压力分布图（各颜色标识压力大小变化，颜色越深压力越大）

天津动车客车段 / 杨宝森 / 摄

5 安全标志

安全标志

上下车时，小心站台间隙

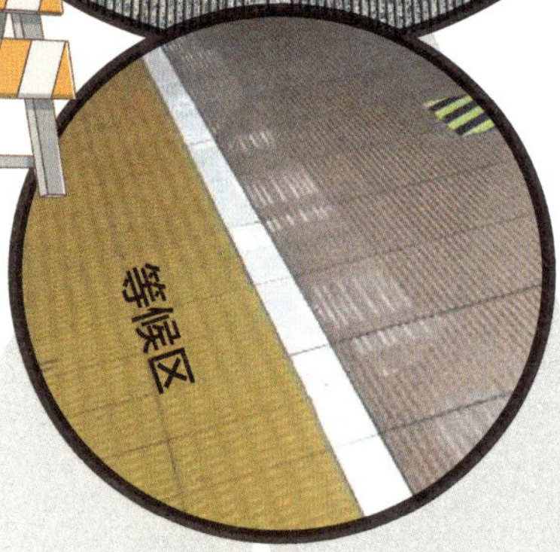

请在白线外等待列车停稳

小心夹手

禁止倚靠

禁止吸烟

当心触电

注意安全

当心坠落

当心滑倒

注意吊物

当心叉车

禁止通行

禁止吸烟

停车让行

禁止携带下列物品

枪支

弹药

警械

管制刀具

放射物品

易燃易爆

腐蚀品

利器

毒害品

易燃物

电化区段
严禁攀登

禁止攀登
高压危险

高压
危险

有电危险

高压危险
禁止攀登

高压
危险

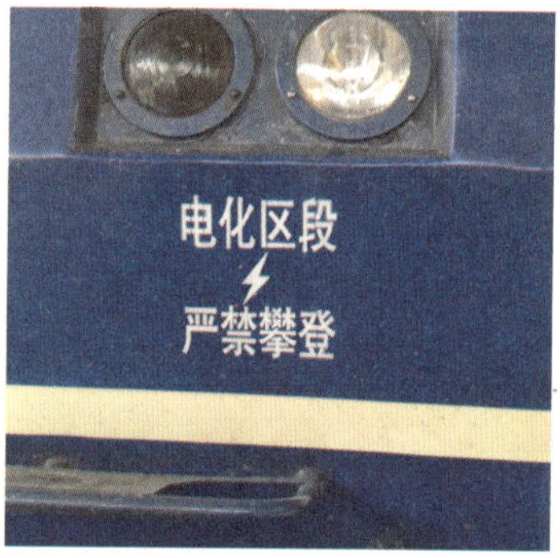
电化区段
严禁攀登

高压危险
禁止靠近

高压危险
禁止攀登
高压危险
禁止攀登

电力电缆标，禁止开挖

电力电缆标，禁止开挖

通信光缆标，禁止开挖

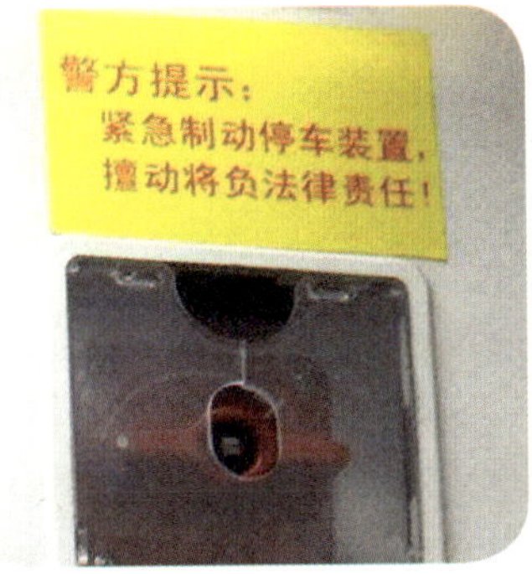

紧急制动停车装置，禁止擅动

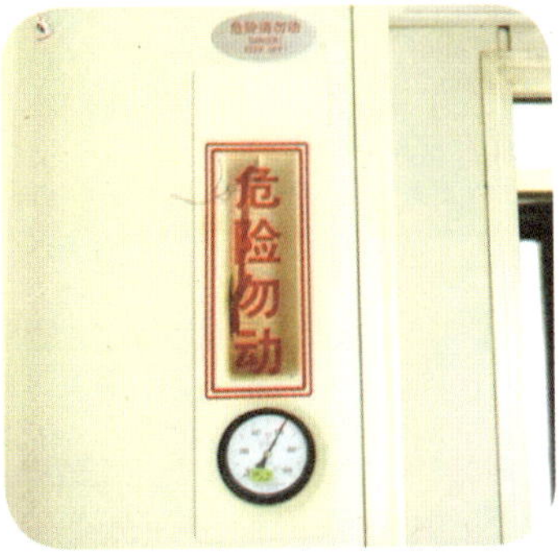

危险勿动

铁路封闭栅栏及刺丝滚网

与法同行

铁路安全靠大家，这本书涉及**禁止实施**危害铁路安全的行为如下：

(一) 非法拦截列车、阻断铁路运输；

(二) 扰乱铁路运输指挥调度机构以及车站、列车的正常秩序；

(三) 在铁路线路上放置、遗弃障碍物；

(四) 击打列车；

(五) 擅自移动铁路线路上的机车车辆，或者擅自开启列车车门、违规操纵列车紧急制动设备；

(六) 拆盗、损毁或者擅自移动铁路设施设备、机车车辆配件、标桩、防护设施和安全标志；

(七) 在铁路线路上行走、坐卧或者在未设道口、人行过道的铁路线路上通过；

(八) 擅自进入铁路线路封闭区域或者在未设置行人通道的铁路桥梁、隧道通行；

(九) 擅自开启、关闭列车的货车阀、盖或者破坏施封状态；

(十) 擅自开启列车中的集装箱箱门，破坏箱体、阀、盖或者施封状态；

(十一) 擅自松动、拆解、移动列车中的货物装载加固材料、装置和设备；

(十二) 钻车、扒车、跳车；

(十三) 从列车上抛扔杂物；

(十四) 在动车组列车上吸烟或者在其他列车的禁烟区域吸烟；

(十五) 强行登乘或者以拒绝下车等方式强占列车；

(十六) 冲击、堵塞、占用进出站通道或者候车区、站台。

…………

同学们，通过前面的学习，你们已经熟知了部分铁路安全知识。现在需要你们带动和影响周边的人一起自觉遵守《中华人民共和国铁路法》《铁路安全管理条例》等法律、法规，争当爱路护路的安全卫士！